EGBERT KENAPA MENANGIS?

Egbert kenapa menangis?

Text by Jiro H. Situmorang and Terry T. Waltz
Illustrations by Terry T. Waltz
©2017 by Terry T. Waltz

ISBN-13: 978-1-946626-16-6

Except for academic reviews, no part of this work may be reproduced or stored in alternative format, including with the intent to display it simultaneously to a larger audience.

Gramma Esther membuat pizza. Dia membuat pizza yang enak! Egbert makan pizza yang dibuat Gramma Esther. Egbert tidak menangis.

Tetapi ibu bapak Egbert tidak suka pizza!

Ibu bapak Egbert berkata:

Gramma Esther! Egbert tidak suka pizza!

Egbert menangis!

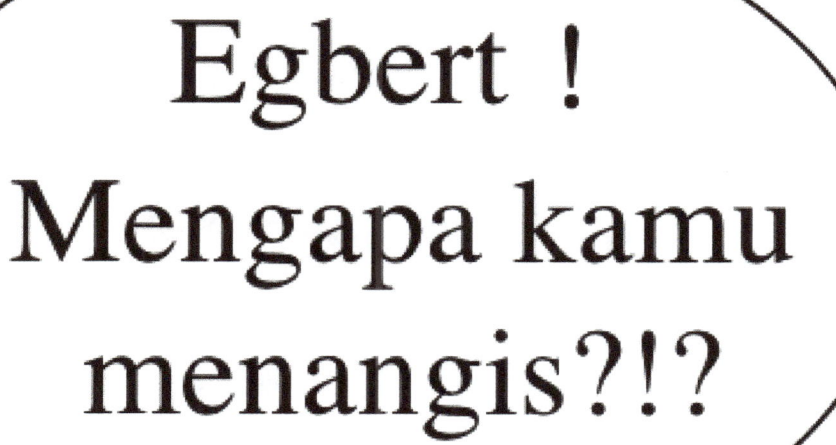

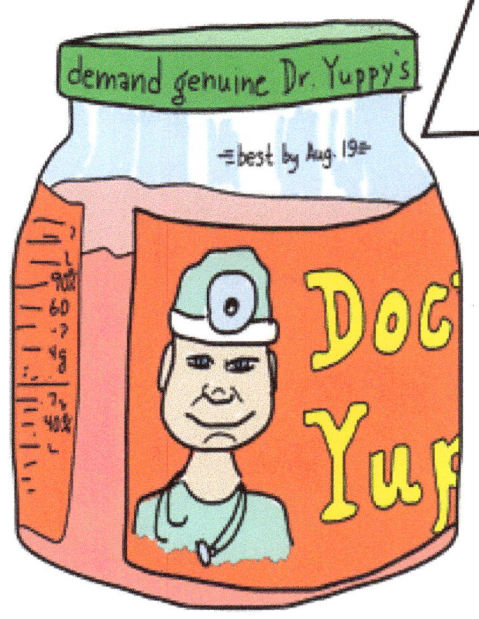

Egbert tidak menangis! Egbert makan Dr. Yuppy's Organic Pomegranite Mush.

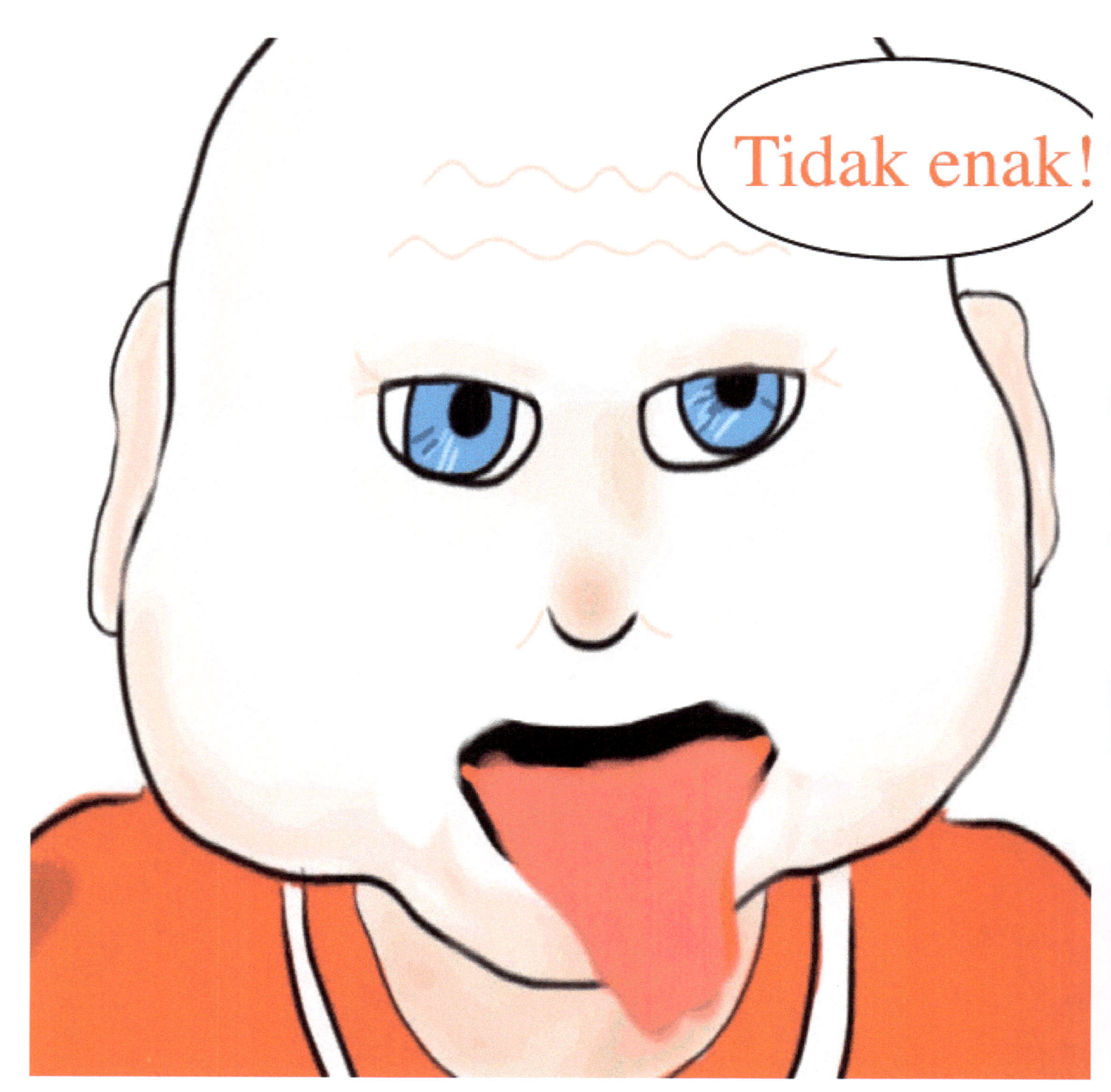

Egbert tidak mau makan Dr. Yuppy's Organic Pomegranite Mush! Dia mau makan pizza yang dibuat Gramma Esther. Dia tidak mau makan mush yang tidak enak bersama-sama ibu bapak!

Makan Auntie Carol's Cappucino Cereal!

Auntie Carol's Cappucino Cereal bagus! Auntie Carol's Cappucino Cereal enak! Pizza tidak enak! Makan cereal yang enak, oke?

Egbert tidak menangis! Egbert makan Auntie Carol's Cappucino Cereal.

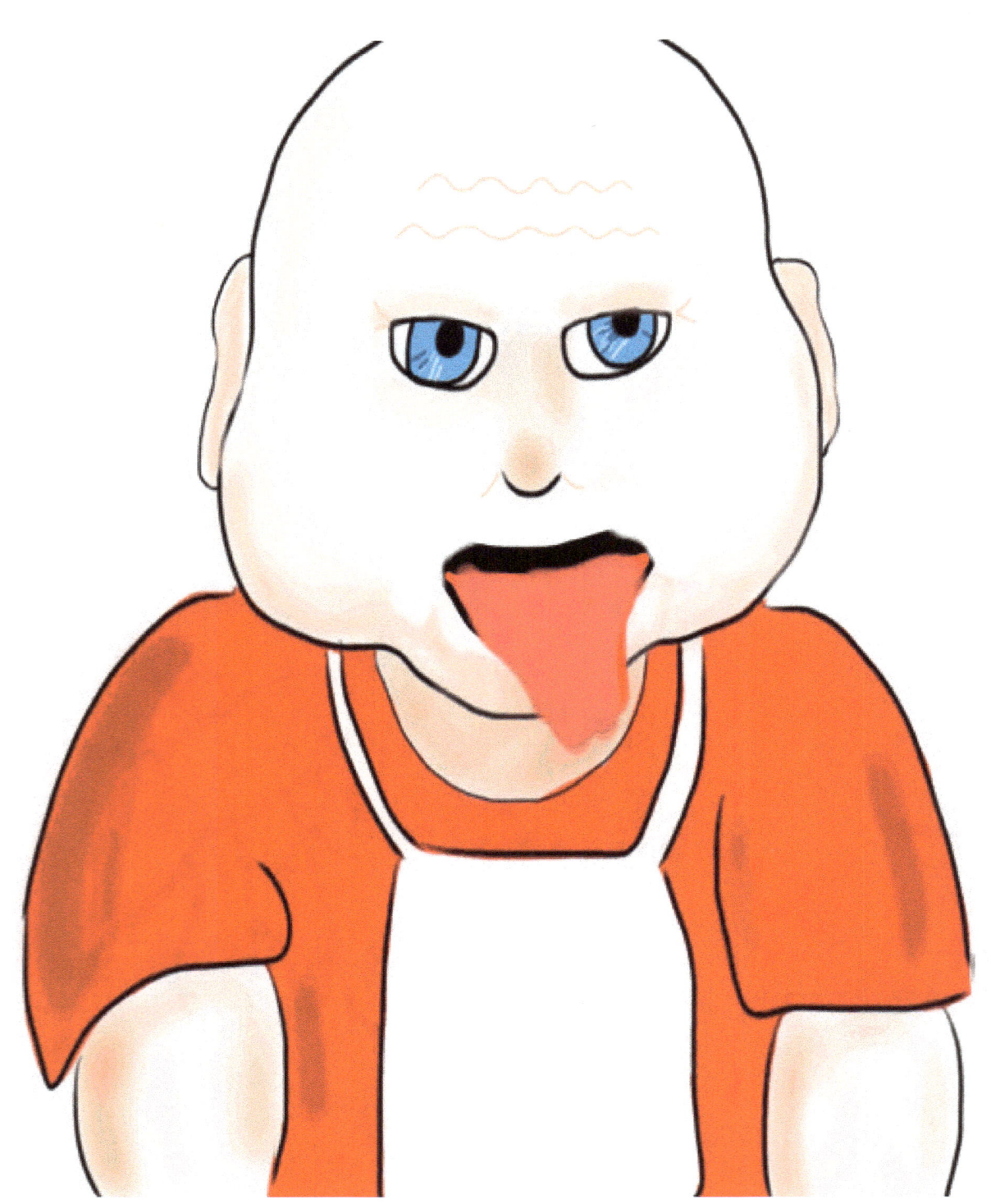

Egbert tidak mau makan Auntie Carol's Cappucino Cereal! Dia mau makan pizza yang dibuat Gramma Esther.

Dia tidak mau makan cereal bersama-sama ibu bapak.

Egbert menangis.

Kita adalah ibu bapak yang tidak baik!

"Bukan! Bukan ibu bapak yang tidak baik! Tetapi Egbert mau makan pizza yang dibuat Gramma Esther."

Gramma Esther, ibu, bapak dan Egbert makan Dr. Yuppy's Organic Pomegranite Mush dan Auntie Carol's Cappuchino Cereal…dan pizza yang dibuat Gramma Esther…

Egbert tidak menangis!

www.ingramcontent.com/pod-product-compliance
Lightning Source LLC
Chambersburg PA
CBHW051250110526
44588CB00025B/2943